ज़िन्दगी: कुछ लम्हे अनकही सी

Anu R Kumar

BookLeaf Publishing

India | USA | UK

Made with ❤ on the BookLeaf Publishing Platform
www.bookleafpub.in
www.bookleafpub.com

Dedication

इस पुस्तक को ज़िंदगी के नाम,
जो हर रोज़ नया इम्तिहान लेती है,
और हर मोड़ पर नया सबक देती है।

Preface

ज़िन्दगी एक ऐसी यात्रा है जिसे हम हर दिन बिना किसी मानक के तय करते हैं।

हर दिन नए सवाल, उतार-चढ़ाव और नई चुनौतियाँ हमारे सामने आती हैं।

और फिर, इन सभी के बीच हम एक तरह से खुद को ही तलाशते हैं।

यह पुस्तक उन सभी अनकहे विचारों और एहसासों का संग्रह है, जो मैंने जीवन के रास्ते पर अनुभव किए हैं।

यह कोई सिद्धांत नहीं, कोई सही या गलत रास्ता नहीं है।

यह तो बस जीवन के कुछ पल हैं—वो पल जिन्हें जीते हुए हम कभी पूरी तरह से महसूस नहीं कर पाते, पर लिखते हुए हर शब्द में जीते हैं।

ज़िन्दगी से जुड़ी हर कहानी—छोटी हो या बड़ी, मीठी या कड़वी —हमें एक नई दिशा देती है।

हर मोड़ पर कुछ ऐसा होता है जो हमें बदलता है, हमारी सोच को नया आकार देता है,

और अंततः हमें हमारे असली स्वरूप से मिलवाता है।

यह किताब मेरे विचारों का एक छोटा सा हिस्सा है, जो मैंने अपने जीवन के अनुभवों से उधार लिया है।

यह कोशिश है उन अहसासों को शब्दों में पिरोने की, जो कभी मेरे साथ थे, कभी मेरे भीतर थे,

और अब, शायद आपके भीतर भी हों।

अगर यह पुस्तक आपके दिल तक पहुंच सके, और जिन्दगी को एक नए दृष्टिकोण से देखने की प्रेरणा दे,

तो मेरी यात्रा पूरी होगी।

आपकी अपनी,
अनु र कुमार

Acknowledgements

यह पुस्तक केवल शब्दों का एक समूह नहीं, बल्कि मेरे जीवन के उन अनगिनत अनुभवों, रिश्तों एवं संघर्षों का परिणाम है, जिन्होंने मेरी लेखनी को आकार दिया। हर कविता में वह हिस्सा छुपा है जो मैंने महसूस किया, जिया और जो कभी मेरे भीतर गूंजता रहा।

मैं सबसे पहले अपनी बेटी का आभार व्यक्त करती हूँ, जिन्होंने न केवल मेरी लेखनी में विश्वास किया, बल्कि जीवन की कठिन राहों में मेरे साथ खड़े होकर मुझे प्रेरित किया।उसका विश्वास और समर्थन मेरे शब्दों के लिए प्रेरणा बनकर हमेशा साथ रहा।

मेरे मित्रों का धन्यवाद, जिनकी उपस्थिति मेरे जीवन के कठिनतम क्षणों में भी मेरी हिम्मत बनी। आपके बिना, इन कविताओं को शब्दों में ढाल पाना संभव नहीं होता। आप मेरे आलोचक भी रहे, जो मेरी लेखनी को सटीक दिशा देने में सहायक थे, और मेरे सबसे बड़े उत्साही भी।

मैं उन मार्गदर्शकों का आभार व्यक्त करती हूँ, जिन्होंने मुझे लेखन की कला का सही अर्थ समझाया। आपकी दी हुई समझ और ज्ञान ने मेरी दृष्टि को व्यापक बनाया और मेरी लेखनी को एक नई दिशा दी।

सबसे बड़ा आभार, मैं अपने जीवन को देती हूँ — जीवन में बहुत बार ऐसे मोड़ भी आये जब लगा की सब कुछ थम सा गया है.. एक यात्रा जहाँ हर मोड़ ने मुझे मज़बूत बनाया, उन अनकहे लम्हों को जो हर दिन मेरी कलम में उतरते गए। यह पुस्तक उन सभी क्षणों का प्रतीक

है, जिन्हें मैंने महसूस किया और अनुभव किया।

यह पुस्तक उन सभी को समर्पित है जिन्होंने मुझे प्रेरित किया, उन्हें भी जो मेरे शब्दों में जीवित हैं। यह शब्दों की यात्रा, उनका रूप और स्वर, केवल मेरा नहीं है, बल्कि हर उस व्यक्ति का है जिसने कभी इस जीवन की गहराई को महसूस किया और उसे अपनी तरह से जिया।

सभी को धन्यवाद, जिन्होंने मुझे यह सफर तय करने की प्रेरणा दी।

कृतज्ञता और प्रेम के साथ,

अनु र कुमार

1. अभिप्सा

ऐ मेरी ज़िंदगी,
तुझे किस तरह मैं चाहूँ...
जिसके अनंत आकाश में,
चलने का प्रयास है अविराम...
जब कि गतिमान है मेरा जीवन,
इस चरम यात्रा में...
मैं ढूँढ रही हूँ अपना अस्तित्व,
इस विराट सुगंधित संसार में...
मेरी अभिलाषा है,
सर्व में स्वयं को प्राप्त करने की...
उत्कण्ठा है कण-कण में ,
विलीन होने की...
गतिशील हूँ मैं अविराम,
इस चरम यात्रा में

2. जिंदगी के कुछ क्षण

ज़िन्दगी के पन्नों पर,
कुछ लिखना बाकी है...
हर मुश्किल के बाद,
एक राह निकलना बाकी है...
कुछ अधूरे ख़्वाब,
कुछ बिखरीं यादों का कारवां...
इस तरह से लिखीं गईं,
ज़िन्दगी की किताब को...
समेटना बाकी है,
कुछ बिगड़ गया है...
कुछ सुधारना बाकी है,
ख़्वाहिशों का जो सिरा...
दफ़्न है आरज़ू -ए -दिल में,
अब खोल गाँठ उसकी...
उन्हें आबाद करना बाकी है,
कुछ पन्नों पर,
सूकुन के छाँव...
एक सवेरा लाना बाकी है,
हर मुश्किल के बाद,
एक राह निकलना बाकी है...

इस तरह से लिखीं गईं,
ज़िन्दगी की किताब को...
समेटना बाकी है,...
कुछ ग़मों के बेहिसाब दर्द
को भुलाकर,
ख़ुशियों को गले लगाना बाकी है...
न हारना ज़रूरी है,
न जीतना ज़रूरी है...
ये ज़िंदगी का सफ़र है,
जिसे तय करना ज़रूरी है...

3. हकीकत

किस हक़ से माँगूँ अपने हिस्से का वक़्त आपसे ...
क्योंकि न आप हमारे, न ही वक़्त हमारा...
न होना शायद आपके साथ न होना है
बिना आपके चल पड़ने के, एक नीले फूल की मानिंद
धूप को चीरते हुए, और फिर आँखों से आपका ओझल हो जाना
पथरीली पगडंडी से कोहरे के पार...
आपसे मिलना जितना सुखद होता है,
दूर जाना उतना ही तकलीफ़देह...
ये जानते हुए भी कि अब आप एक आदत की तरह मुझमें समा चुके
हैं...
फिर भी मन दोराहे पर आकर खड़ा हो जाता है...
कि दिल नाकाम ज़रूर है
नाउम्मीद तो नहीं...

4. मन की परछाईं

कुछ सपनों की असफल ,
खोज करती धुंध में...
उलझा है मन का,
कोई कोमल तंतु...
ज़िन्दगी आधी खुली परछाई है,
अर्थपूर्ण है या अर्थहीन...
यह समझ से परे,
मन के तहखाने में...
गम्भीर,सरल, यथार्थ या
एक किंचित ठहराव मात्र...
अस्तित्वविहीन, अनजानी और
अबोध सी...
किसी को जी भर कर याद कर लेना,
गिरते हुए फिर से सम्भल जाना...
संघर्ष पथ पर !
ये भी सही, वो भी सही...
ज़िन्दगी शायद इसी का नाम है,
कुछ हसरतें आँखों में ,
ठहरीं रहती हैं इंतज़ार बनकर....

5. यादें

ज़िन्दगी पल भर नहीं,
पल-पल है विराट बहुत...
ख़्याली मखमली यादों से,
सम्भाला, समेटा प्रीत के धागे को...
असफल नहीं होने दिया,
हमने कभी हमारे प्रेम को...
भावनाएँ जो जीती रही,
वो नियति के हाथों बारम्बार...
घूँटती रही हर एक साँस की सफ़र में...
ज़िन्दा ही कई आरज़ू,
दफ़्न हो गए हैं इस दिल में...
यादें कभी भी धुंधली नहीं होती,
उन रिश्तों की जो दिल से बनाये थे

6. मोह

खो गए जो दिन,
वो अब आयेंगे न फिर कभी...
मैं जानती हूँ,
तुम मेरे नहीं हो...
होंगे भी नहीं कभी,
माना हमारा बिछड़ना तय था,
पर यह भी तो सच है कि...
हमारा मिलना भी कमाल का था,
चाँद तो सबको रोशन करता है...
मगर क्या वह ख़ुद,
अपनी रोशनी में नहाता है ?
ज़िन्दगी कभी-कभी कोरे काग़ज़,
की तरह हमारे सामने होती है...
फिर भी क्यों ये मन,
तुम्हें खोजता है बार-बार हर जगह...

7. एहसास

मेरी ज़िंदगी में तुम्हारे,
हज़ार लम्हें हैं...
ख्याली मखमली यादों से,
हमने कभी उन्हें बिसरने नहीं दिया...
क्यों तुम्हारा अस्तित्व,
अनुभव किया करती हूँ हमेशा...
क्यों बार-बार ये,
एहसास होता रहता है कि...
मौजूदगी से उसकी,
एक अलग सा सुकून मिलता है...
मैं कहती नहीं हूँ जो बातें अक्सर ही,
बिना कहे ही वो बातें वह सुन लेता है...

8. दो टूक ज़िंदगी

दो टूक ज़िंदगी
ज़िन्दगी तुझे आज़माकर,
हम उलझते ही गए...
कुछ सपने जो अधूरे रह गए,
कुछ रिश्ते जो टूट कर बिखर गए...
कभी तूफ़ानों से लड़कर,
कभी ख़ामोशियों से उबरने का हुनर...
तु ही तो है बस ज़िंदगी!!
सवाल नहीं है,
एक अहसास, एक दौड़,
एक मंज़िल है ज़िन्दगी

9. हसरतें

दिल की हसरतें,
हम बया कर नहीं सकते...
हमारी ज़िंदगी के खामोशी,
को आप समझ नहीं सकते...
कुछ अरमान थे,
कुछ ख़्वाब तन्हा...
कुछ अधूरे क़िस्से,
कुछ आहें दफ़ना ना...
जो लफ़्ज़ों में ढल न सके,
जो वक़्त की स्याही में पल न सके...
हर मुस्कान के पीछे,
वो सपनों की चुभन...
खामोशी सहने की आदत,
न वक़्त रोक सका है...
न आँसू की सौग़ात ही !!
वो हसरतें एक सफ़र है,
जो दिल के कोने में दफ़्न है सदियों से

10. ख़्वाहिशें

हर मोड़ पर एक कहानी,
हर राह पर एक फ़साना...
कुछ लम्हे गुज़रते हैं ,
बस! यूँ ही बे-क़रारी में...
कभी किताबों के पन्नों में,
कभी ख़्वाबों के वीरानों में...
एक खूबसूरत एहसास लिए,
तेरी मौजूदगी हकीकत सी लगे...
वो जो अनकही ख़्वाहिशें,
वक़्त के साथ धुँधला गई...
वरबस ही जी जाती है वो तो,
कभी एक आह बनकर!
कभी आँखों से बे-आवाज़ बहकर...
हर साँस के साथ,
हर धड़कन में

11. तुम

तुम
मेरे नापसंद सी ज़िंदगी में
पसन्दीदा शख़्स हो तुम,
मेरे अन्दर के शोर को, शान्त कर दे
वो मनमोहक धुन हो तुम,
वो गोंद जो मेरे सारे टुकड़े जोड़ दे
हारतीं हूँ हरपल, निश्चित है फिर भी लड़ना...
वो प्रेरणा, वो मुहिम हो तुम
बेहद, बेहिसाब, बेशर्त करते हैं
वो उम्मीद, वो एहसास, वो जान, वो ज़िंदगी हो तुम

12. तुम ही कहो न

तुम ही कहो न !!
उन आँखों के अदम्य प्यार,
को भूल जाऊँ मैं...
अगर भूल ही जाना था तुम्हें,
तो प्रतीक्षारत मैं कभी अपनी...
पूर्ण क्लान्ति छोड़ यूँ दस्तक देती,
तुम ही कहो न !
अगर भूल ही जाना था तुम्हें तो,
इतने बर्षों तक एक-एक कर...
प्यार के वो कण तुम्हारे ,
हृदय तक पहुँचा पाती...
तुम ही कहो न !
मेरी ज़िन्दगी की सारी बेड़ियां तोड़,
क्या यूँ तुम्हारी प्रतीक्षा कर पाती...
तुम ही कहो न !
काँच के मोतियों की तरह बिखरीं मैं,
ख़ुद को समेटने की कोशिश करती हुई...
न जाने कौन से मोड़ पर जा पहुँची,
खड़ी हुई ....
जहाँ एक अकाल अँधेरे के बीच...

नई सपनों की प्रतीक्षा में रत,
इस घायल वर्तमान से दूर...
तुम्हारे हज़ारों स्मृतियों के चादर ओढ़े ,
अपने आप को अब तक छुपा के रखती..
तुम ही कहो न !
अगर भूलना ही था तुम्हें तो,
क्या यह कह पाती कि...
हाँ, प्यार करती हूँ तुमसे
आज भी उतना ही...
तुम ही कहो न !!

13. अस्तित्व

मेरे लिए कोई तुम जैसा,
शख़्स नहीं हो सकता...
तुम हो जहां, वही रहोगे
भावनाएँ निष्ठा पूर्ण रही,
हमेशा तुम्हारे लिए...
ज़िन्दा ही कई आरज़ू,
दफ़्न हो गई हैं इस दिल में...
तुम मेरी ज़िंदगी में न होकर भी,
मेरे अस्तित्व में समाए हुए हो हमेशा...
माना मैंने हर सफ़र का,
आग़ाज़ सफल नहीं होता...
याद न आओ तुम हमें,
कोई भी एक पल ऐसा नहीं होता...

14. समीकरण

तुम इतने साहसी और शांत हो
की मैं भूल जाती हूँ तुम पीड़ा में हो..
अपना फ़र्ज़ किसी किसी वक़्त ही महसूस करती हूँ...
सुलझाते-सुलझाते आख़िरकार उलझ ही
जाते हैं सारे समीकरण,
कितना विराट विश्वास है प्रेम..
तुम्हारे मन के भीतर कोई अपना मन छोड़ जाता है, बिना किसी प्रश्न..
बिना कोई मोल लिए...

15. वक़्त

ज़िन्दगी तुम्हारे सामने अचानक से जब कठिनाई खड़ी करती है ...
तब लगता है ये सब मेरे साथ ही क्यों ?
मैंने कब किसी का बुरा किया है..
जवाब ... "वक्त" है
वो परिपक्व करता है तुम्हारे विचारों को,
तुम कितना लड़ सकते हो परिस्थितियों से,
और निखर सकते हो कठिनाइयों से..
बस संयम रखो और सामना करो..
व्यक्ति में इतनी ताक़त हमेशा होनी चाहिए कि वह अपने दुःख
अपने संघर्षों से अकेले जूझ सकें...

16. ज़ख़्म

एक वक़्त के बाद ,
फ़र्क़ नहीं पड़ता...
उन सभी बातों का,
जिन पर कभी...
आँसू बहाये थे,
ज़ख़्म भर जाते हैं...
दिल भी पत्थर बन जाता हैं,
कुछ बिखरें हुए सपने...
और उम्मीदों की ज़मीन,
पर जो यादें तैरती रहीं
वो कभी भी...
धुंधली नहीं हुई
उन रिश्तों की जो दिल से बनाए थे...

17. आकांक्षा

आज तुम्हारे सुवास से,
मेरा रोम-रोम यकायक जागृत हैं...
कि तुम कहीं मेरी आवो-हवा में,
बेदर्द सी उस ख़्वाहिश लिए...
चलमान हो अविराम,
जिराके अनन्त आकाश में...
जाने क्यों !
तुम्हारी कगी अखरती है बहुत...
तुमसे मेरी प्रौढ़ होती आकांक्षाओं का,
तुम्हारे संदर्भ में हमेशा...
पुरज़ोर मर्दन होता रहेगा,
मैं अंतर्द्वन्दों की मानिंद...
ज़िन्दगी के हर पड़ाव पर,
तुम्हें यूँ ही साथ लिए...
तुम्हारे यादों के साथ,
गुफ़्तगू करते हरपल, हरक्षण
निःशब्द सा देखा करूँ

18. ख़्वाब

हर राह पर एक फ़साना,
हर रोज़ एक नई कहानी ...
एक हँसी दोपहरी,
एक आँसू बे-आवाज़ सा...
ज़िन्दगी एक सफ़र है सवालों का,
एक एहसास है...
जिसे जितना जी लो,
उतना ही खास है...
कुछ लम्हें गुज़रते हैं,
कुछ उम्मीदें बुनते रहते हैं...
कभी चाँद बाज़ीगर बन,
रातों में ख़्वाहिशों की शिकवा करते हैं...
बस! वो ख़्वाब जो टूटा,
कोई नाम जो रह गया अधूरा

19. तुम कहाँ नहीं हो ?

तुम्हारी स्याही मन की सतह पर,
हज़ारों रंग लिए तैरती रहती है...
अभी भी दिल के कोने में,
तुम्हारा वह मासूम सा चेहरा...
मौजूद है जो सफेद कुर्ते में,
हर पल, हर क्षण देखा करता था...
एक बीत चुकी प्रेम से,
दूसरे जन्म ले रहें जीवन यात्रा...
क्या सचमुच बहुत आसान थी हमारे लिए ?
सोचते थे हर क्षण कि ...
तुम तो प्यार के पक्ष में लड़ने वाले,
वह योद्धा थे जिन्होंने मुझे...
प्यार के सही मायने सिखाए,
फिर क्या हुआ कि एक...
उन्मादी हवाओं के साथ ,
बिखर ही गई हमारी दुनिया...
मुझे आशय है, मुझसे भी ज़्यादा
घायल और अस्त व्यस्त तुम हुए होंगे...
एक अन्तहीन सुलगने का दर्द,
यथार्थ एवं आदर्श के बीच फँसीं...

पीसती जा रहीं हूँ
शायद जीना तो हमें आ गया...
पर अब भी कुछ रूठें हुए लम्हे,
काँच बनकर हरदम चुभन देते रहते हैं...
वो चुभते तो हर वक़्त हैं,
पर जीवन की कश्मकश में !
मन्द-मन्द मुस्कुराना सीख चुके हैं...

20. दो लफ़्ज़

अगले जन्म में तुम मेरे हो जाओगे न ?
माना इस जन्म में तुम मेरे न हो पाओगे..
पर अगले जन्म में तुम मेरे हो जाओगे न ?
इस जन्म हैं बेड़ियाँ रिवाजों की माना मैंने..
अगले जन्म तो इनको तोड़ पाओगे न ?
शायद तुम्हारे सारे रिश्ते अनमोल थे,
मुझसे माना मैंने .. और मेरे भी..
पर, उस जन्म में मैं ही ख़ास हूँ तुम्हारा...
ये सबको समझाओगे न ?
ग़र वादा करो तो..
मैं इंतज़ार करूँ उस जन्म का..
डरोगे तो नहीं ?
तब मेरा हाथ थाम पाओगे न ?

21. खूबसूरत एहसास

कभी चुपके से आते हैं ये,
हवाओं में लिपटी एक दुआ सी...
आँखों में सपनों की बारिश बरसाए...
महक किसी के याद की,
बिन कहे भी जो ख़ुद में गीत है...
वो साज़, वो आवाज़,
वो खूबसूरत सा एहसास है...
जो रूह को छू जाए,
शब्दों से परे खामोशियों में...
हर धड़कन, हर एक साँस में,
लफ़्ज़ों में नहीं !
बस, दिल की गहराइयों से,
निभाना रिश्ता एक...
अनोखा अनकहा सा !
हर लम्हा मीठी सौग़ात लिए,
एहसास हैं ये बेहद खूबसूरत सा...